Elizete Lisboa

Enquanto João-Garrancho dorme

Ilustrações: Walter Lara

Paulinas

Dados Internacionais de Catalogação na Publicação (CIP)
(Câmara Brasileira do Livro, SP, Brasil)

Lisboa, Elizete
   Enquanto João Garrancho dorme / Elizete Lisboa ; ilustrações Walter Lara. – São Paulo : Paulinas, 2014. – (Coleção fazendo a diferença. Série roda-pião)

   ISBN 978-85-356-3731-1

   1. Literatura infantojuvenil   I. Lara, Walter.   II. Título.
III. Série.

14-03713   CDD-028.5

Índices para catálogo sistemático:
   1. Literatura infantil   028.5
   2. Literatura infantojuvenil   028.5

1ª edição – 2014
2ª reimpressão – 2024

Direção-geral: *Bernadete Boff*
Editora responsável: *Maria Goretti de Oliveira*
Assistente de edição: *Milena Patriota de Lima Andrade*
Copidesque: *Ana Cecilia Mari*
Coordenação de revisão: *Marina Mendonça*
Revisão: *Sandra Sinzato*
Gerente de produção: *Felício Calegaro Neto*
Projeto gráfico: *Gustavo Gamarano Lara*
Produção de arte: *Manuel Rebelato Miramontes*

Nenhuma parte desta obra poderá ser reproduzida ou transmitida por qualquer forma e/ou quaisquer meios (eletrônico ou mecânico, incluindo fotocópia e gravação) ou arquivada em qualquer sistema ou banco de dados sem permissão escrita da Editora. Direitos reservados.

Cadastre-se e receba nossas informações
paulinas.com.br
Telemarketing e SAC: 0800-7010081

Paulinas
Rua Dona Inácia Uchoa, 62
04110-020 – São Paulo – SP (Brasil)
(11) 2125-3500
editora@paulinas.com.br
© Pia Sociedade Filhas de São Paulo – São Paulo, 2014

Menininho abre o livro.
Não pode ser. A página está em branco.
Cadê os desenhos? Cadê as palavras?

Logo um monstrinho, recém-chegado,
toma conta da página.
Ele inventa
uma noite de estrelas.

Na página anoitecida,
o monstrinho sobe numa nave-vassoura.
E sai voando.

— Opa! — grita o sapo. — Espera aí! Me leva. Eu quero ir também.

De carona com o monstrinho,
o sapo voa. A tartaruga voa.
Voa o tatu-bolinha, o caracol.

Tatu-bolinha convida a lua pra voar.
Detrás das nuvens, a lua voa.
As estrelas voam, tão alto.

Lá embaixo, a cidade não quer o escuro e acendeu suas luzes. A cidade nunca dorme. A cidade não para.

Ah, não para, nem pra poder sonhar?
Então o monstrinho passa voando,
fazendo tudo voar.

Tudo que não voa,
voa. A estátua da praça
dá um salto e voa.
A preguiça voa.

A panela, panelona, voa.
O trem de ferro, vup vup vup, voa.

O jumento voa depressa,
mais depressa, num esforço pra pegar
a cabeça de vento.

Elefante pesado também voa.
Mas, com cuidado. Se elefante
pesado cai...

Ai! Ele assusta quem passa.
Ele esmaga a carapaça do cágado.
Amassa a casa do caracol.

Aí vem o vento, afobado, turbulento.
Mas a paisagem ficou verde. As árvores todas se abraçaram. Estreitaram caminhos.

O vento então se amansa. Já descansa em brisa. Vai balançar de leve a casinha pendurada numa árvore.

Que casinha mais feia!
Toda feita de gravetos.

Psiu. Silêncio! Dentro da casinha,
num mundo que é só encanto,
um pequenino joão-garrancho dorme.

A árvore voa, revoa, cheia
de zelos, transcarregando joão-garrancho
que dorme, sossegadinho no ninho.

Adiante, outra cidade
e seu aeroporto.
Uma aeronave se posiciona.
Vai decolar.

Para a meninada, que sonha,
avião já vai voar!

Tudo que não voa,
voa. Avião nem é pássaro
e voa.

Também amor, se não virou amor verdadeiro,
um dia arruma jeito,
voa pela janela aberta.
Voa.
E não volta.

Mas o grande rei de tudo que voa, olha ali. É ele!
O tempo. Ora... Menininho nem liga pro tempo.
Não se importa com o que anda fazendo o tempo.

Menininho quer saber: quando o sol entrar
nos ninhos e acordar todos os pássaros,
o que joão-garrancho vai fazer?
Onde ele vai brincar?

O livro continua aberto. Menininho está voando! Ele se distraiu um instante e aconteceu! Foi levado pelo monstrinho.

Os dois já vão longe... Mas de gente ou bicho
de histórias não é preciso ter medo.
Criança sabe, criaturas assim são brinquedo.

Quando menininho quer, qualquer monstrengo ou monstrinho fica quieto, apagado. Fechado no livro. Trancafiado na história.

Dormindo auroras.
Aguardando a hora
de outra vez
voar!